Aus: **Daniela Drescher, »Die kleine Elfe kann nicht schlafen«**
ISBN 978-3-8251-7598-6
Verlag Urachhaus 2007 · www.urachhaus.com

15 zauberhafte Postkarten mit den schönsten Motiven aus den beliebten Bilderbüchern von Daniela Drescher:

Komm mit ins Elfenland
Komm mit ins Reich der Zwerge
Die kleine Elfe kann nicht schlafen
Was raschelt denn da?
Pia, die kleine Prinzessin
Die Geschichte von der schönen Lau
Merlind, die kleine Zauberin

Urachhaus

Aus: **Daniela Drescher, »Die kleine Elfe kann nicht schlafen«**
ISBN 978-3-8251-7598-6
Verlag Urachhaus 2007 · www.urachhaus.com

Aus: **Daniela Drescher, »Merlind, die kleine Zauberin«**
ISBN 978-3-8251-7675-4
Verlag Urachhaus 2009 · www.urachhaus.com

Die wunderbare Welt der Daniela Drescher ·

Aus: **Daniela Drescher, »Pia, die kleine Prinzessin«**
ISBN 978-3-8251-7631-0
Verlag Urachhaus 2008 · www.urachhaus.com

Aus: **Daniela Drescher, »Pia, die kleine Prinzessin«**
ISBN 978-3-8251-7631-0
Verlag Urachhaus 2008 · www.urachhaus.com

Aus: **Daniela Drescher, »Die Geschichte von der schönen Lau«**
ISBN 978-3-8251-7641-9
Verlag Urachhaus 2009 · www.urachhaus.com

Aus: **Daniela Drescher, »Was raschelt denn da? – Ein Klappbilderbuch«**
ISBN 978-3-8251-7598-6
Verlag Urachhaus 2008 · www.urachhaus.com

Aus: **Daniela Drescher, »Die kleine Elfe kann nicht schlafen«**
ISBN 978-3-8251-7598-6
Verlag Urachhaus 2007 · www.urachhaus.com

Die wunderbare Welt der Daniela Drescher ·

Aus: **Daniela Drescher, »Was raschelt denn da? – Ein Klappbilderbuch«**

ISBN 978-3-8251-7598-6
Verlag Urachhaus 2008 · www.urachhaus.com

Die wunderbare Welt der Daniela Drescher ·

Aus: **Daniela Drescher, »Komm mit ins Elfenland«**
ISBN 978-3-8251-7454-5
Verlag Urachhaus 2004 · www.urachhaus.com

Aus: **Daniela Drescher, »Komm mit ins Elfenland«**
ISBN 978-3-8251-7454-5
Verlag Urachhaus 2004 · www.urachhaus.com

Aus: **Daniela Drescher, »Komm mit ins Reich der Zwerge«**

ISBN 978-3-8251-7482-4
Verlag Urachhaus 2005 · www.urachhaus.com

Die wunderbare Welt der Daniela Drescher ·

Aus: **Daniela Drescher, »Merlind, die kleine Zauberin«**
ISBN 978-3-8251-7675-4
Verlag Urachhaus 2009 · www.urachhaus.com

Die wunderbare Welt der Daniela Drescher ·

Aus: **Daniela Drescher, »Die Geschichte von der schönen Lau«**
ISBN 978-3-8251-7641-9
Verlag Urachhaus 2009 · www.urachhaus.com

Aus: **Daniela Drescher, »Komm mit ins Reich der Zwerge«**
ISBN 978-3-8251-7482-4
Verlag Urachhaus 2005 · www.urachhaus.com